全国技工院校新能源汽车检测与维修专业（中/高级技能层级）

# 新能源汽车高压电安全习题册

主编　姜丽娟

中国劳动社会保障出版社

**简介**

本习题册是全国技工院校新能源汽车检测与维修专业教材（中/高级技能层级）《新能源汽车高压电安全》的配套用书。习题册内容紧扣教材的教学要求，注重基础知识的巩固和基本能力的培养，知识点分布均衡，题型丰富，难易适当，有助于学生复习巩固所学知识。

本习题册由姜丽娟主编。

**图书在版编目（CIP）数据**

新能源汽车高压电安全习题册/姜丽娟主编. -- 北京：中国劳动社会保障出版社，2020

全国技工院校新能源汽车检测与维修专业. 中、高级技能层级

ISBN 978-7-5167-4403-1

Ⅰ. ①新… Ⅱ. ①姜… Ⅲ. ①新能源-汽车-高电压-安全技术-技工学校-习题集 Ⅳ. ①U469. 7-44

中国版本图书馆 CIP 数据核字（2020）第 093219 号

**中国劳动社会保障出版社出版发行**

（北京市惠新东街 1 号　邮政编码：100029）

*

北京谊兴印刷有限公司印刷装订　新华书店经销

787 毫米×1092 毫米　16 开本　5 印张　83 千字

2020 年 7 月第 1 版　2024 年 1 月第 6 次印刷

**定价：11. 00 元**

营销中心电话：400-606-6496

出版社网址：http://www.class.com.cn

http://jg.class.com.cn

# 目　录

# 模块一
# 新能源汽车高压电基础知识及触电急救

## 练习 1　新能源汽车中的高压电

### 一、填空题

1. 根据《电动汽车　安全要求　第 3 部分：人员触电防护》（GB/T 18384. 3-2015）的要求，A 级电压电路最大工作电压对交流电指小于或等于________，对直流电指小于或等于________的电力组件或电路；B 级电压电路最大工作电压对交流电指大于__________且小于或等于____________，对直流电指大于____________且小于或等于__________的电力组件或电路，B 级对人体会产生伤害，被认为是高压电。

2. 目前我国工业常用的交流供电电压，额定电压在 1 kV 以上的线路称为“____________”，额定电压在 1 kV 以下的线路称为“____________”。目前市场销售、使用的新能源汽车驱动电源电压低于____________，所以维修工的上岗证称为“____________”。

3. 混合动力汽车中的发电机系统、燃料电池汽车中的______________及其____________系统都属于高压电。

4. 安全电压是指人体较长时间接触带电体而不致使人直接致死或致残的电压。根据《特低电压（ELV）限值》（GB/T 3805—2008），安全电压限值为：交流不高于________________，直流不高于________。

5. 新能源汽车主要车型有________________汽车、______________汽车和________________汽车。

6. 燃料电池反应堆栈将输入的氢气与氧气通过__________转换成______，同时生成水。

## 二、选择题

1. 目前电动汽车车载驱动系统的最大工作电压均达到（　　）电压电路，必须采取必要的防护设备对维护人员进行保护，防止触电。

A. A 级　　　　B. B 级

C. C 级　　　　D. D 级

2. B 级电压电路中电缆和线束的外皮应用（　　）加以区别。

A. 红色　　　　B. 绿色

C. 黄色　　　　D. 橙色

3. 纯电动汽车中涉及的高电压包括电池管理系统、驱动电机、（　　）、车载充电机、（　　）、高压控制盒、空调压缩机、空调 PTC 加热器和高压电缆等。

A. 驱动电机控制器　　　　B. 转向器

C. 真空制动器　　　　D. DC/DC 变换器

4. 新能源汽车作业人员是触电的高危人员，必须具备预防触电的常识，经过国家安全生产管理部门组织的安全培训，考取（　　）。

A. 低压电工作业操作证　　　　B. 高压电工作业操作证

C. 新能源汽车维修工证　　　　D. 电工证

## 三、判断题

1. 因为单个燃料电池的电压较低，仅在 0.2 V 左右，为了获得较高的电能，将多个燃料电池串联起来组成燃料电池堆栈，工作电压高达 300 V。（　　）

2. 目前我国工业常用的交流供电电压等级分类中，将 1 kV 以下的电压线路称为“高压线路”。（　　）

3. 在隧道、矿井等环境及高湿度、高浓度金属粉尘等条件下，36 V 电压属于安全电压。（　　）

4.《电动汽车高压系统电压等级》（GB/T 31466-2015）中规定，高压系统指电动（新能源）汽车内部与动力蓄电池直流母线相连或由动力蓄电池电源驱动的高压驱动零部

件系统。 （ ）

## 四、简答题

1. 什么是安全电压？

2. 在新能源汽车中哪些部件属于高压部件？

# 练习2 高压电的危害

## 一、填空题

1. 人体接触带电部件，就有可能流过电流。电流以________路径流过人体，在流过不同器官、组织时对人体主要表现为________，同时还产生__________、________________和________________。

2. 人体流过感知电流会有轻微的麻感，成人的感知电流直流电约为________mA，感知工频交流电约为____________mA。

3. 在 1000 V 以下的低压触电事故中，__________是触电致命的最主要原因，一般状况下，直流电电流超过________，工频电流超过________时，心脏就会停止跳动，出现致命危险。

4. 30～50 mA 电流流过人体心脏，心脏跳动________，血压________，强烈痉挛，人立即处于______________状态，即引发______________。

5. 新能源汽车在检修或维护中，需要______________并__________周边的人不要进入维修场地，防止产生意外________________。

6. 新能源汽车中常见的防护措施是________，用于在暴露高压部件时______高压输出，防止产生高压部件断路故障，防止作业人员__________。

## 二、选择题

1. 市电中采用漏电保护器，检测到漏电大于（　　）时立即切断电源。

A. 50 mA　　B. 40 mA

C. 30 mA　　D. 20 mA

2. 人体是导体，干燥条件下人体电阻为（　　）。

A. 300～600 Ω　　B. 600～1 000 Ω

C. 1 000～2 000 Ω　　D. 1 000～3 000 Ω

3. （　　）是电流直接或间接造成人体表面的局部损伤，往往在人体表面留有明显的伤痕。

A. 电击　　B. 电伤

C. 触电　　D. 电弧

4. 电流从（　　）的触电事故中，大电流直接作用于心脏，造成的危害也是最大。

A. 左手到胸部，或从左手到右脚　　B. 右手到胸部，或从左手到右脚

C. 左手到胸部，或从右手到右脚　　D. 右手到胸部，或从右手到右脚

5. （　　）触电防护的目的是防止电气设备故障情况下，发生人身触电事故。

A. 直接接触　　B. 间接接触

C. 预防接触　　D. 隔离接触

## 三、判断题

1. 触电时，电流流过人体心脏会引起心颤甚至心搏骤停，从而导致死亡。（　　）

2. 身体与导体接触压力大、接触面积大时，人体电阻变大，不容易造成触电事故。 ( )

3. 电流流过脑部会严重损伤大脑，使人昏迷不醒或死亡。 ( )

4. 人体电阻越大，流过身体的电流越大，伤害程度越严重；人体电阻越小，流过身体的电流约小，伤害程度越轻。 ( )

5. 电流流过人体内部，能直接导致内部组织、器官的损害，是最危险的触电伤害。 ( )

6. 电流流过人体脊髓会使人死亡；电流流过人的局部肢体会引起肌肉强烈收缩而造成伤害。 ( )

7. 工频电流对人体的危害大于直流电流。 ( )

## 四、简答题

1. 简述电流对人的影响。

2. 新能源汽车维修场所需要配备的预防触电的设备设施有哪些？

3. 什么是摆脱电流？人体的摆脱电流是多少？

4. 什么是致命电流（室颤电流）？人体致命电流是多少？

5. 简述造成人体触电的主要因素。

## 练习3 触电急救

### 一、填空题

1. 人体触电电流值远远超过人体所能承受的范围，电流流过心脏，人体会立即出现______甚至________，电流强烈刺激神经系统引起__________________。

2. 医学资料证明，在心跳呼吸骤停的____________min内进行心肺复苏抢救，有一半人能够被救活；____________min开始抢救有10%的人被救活；超过________min开始抢救有4%的人被救活；______________min以上开始抢救几乎无存活的可能。

3. 触电者往往出现____________停止、____________停止或者两者均停止的状况，但此时部分触电者并非已经死亡，可能处于____________状态。

4. 触电者无心跳、有呼吸或有心跳、无呼吸的情况必须________________，如果不及时抢救或抢救方法不对会导致触电者转变为____________________的状态。

5. 操作员进行高压电检修作业时，__________做辅助工作和记录工作，不能参与高压电的检修作业，一个人操作可以防止2人作业中配合失误造成__________。

6. 发生触电时，强大的电流持续不断流过触电者，触电时间越长，对人体的损害越

______________。

7. 发现有人触电，需要立即__________或让触电者__________，触电者脱离电源才能进行抢救。

8. 发生触电时，应立即采用关闭____________、拔下动力蓄电池________、拔下____________等方式切断电源。

9. 在抢救触电者时需要有______________，避免造成新的__________，加重病情。

10. 人工呼吸时，抢救人员深深吸一大口气，一手捏紧病员的鼻子，用嘴________________，尽可能用嘴完全地包住伤者的嘴巴，大口将气体吹入伤者的体内，同时眼睛要注视伤者的____________，稍有隆起即可。

11. 触电后受伤者如无心跳，必须采取____________进行抢救，是指有节律地以手对心脏按压，用人工的方法代替心脏的自然收缩，从而达到____________的目的。

12. ____________是一项医学决定，只能由医务人员对伤者的脑功能和心血管状况做出正确的评估后才能做出判断，其他任何人都不能做出终止的决定。

## 二、选择题

1. 触电者出现心颤时，应使用自动体外除颤仪对心脏除颤，在心颤产生的（　　）内实施除颤，70%的患者可以恢复心搏。

A. 1~3 min　　B. 3~4 min

C. 3~5 min　　D. 3~10 min

2. 心跳和呼吸停止是人体最紧迫的急诊，最佳的抢救方式是（　　）。

A. 打 120 急救电话　　B. 紧急送医

C. 大力摇晃伤者使其清醒　　D. 心肺复苏术

3.（　　）可作为判断伤者是否有心跳的依据。

A. 胸部起伏　　B. 瞳孔变化

C. 颈动脉的搏动　　D. 是否有意识

4. 触电伤者有呼吸也有心跳，但是处于昏迷、神志不清状态，正确的处置方法是（　　）。

A. 打 120 急救电话，让伤者仰卧在平地上，注意观察伤者变化

B. 打 120 急救电话，等医生急救

C. 让伤者仰卧在平地上，等候伤者醒来

D. 送伤者马上送医

5. 触电患者恶性心律失常初始心律多为室颤，及时除颤抢救成功率较高，（　　）是专门设计用于实施电除颤的设备。

A. AED　　B. ABD

C. ACD　　D. ADE

6. 做人工呼吸时，每分钟吹气（　　）左右，约（　　）循环。

A. 5 次　　B. 10 次

C. 5 个　　D. 10 个

## 三、判断题

1. 心跳和呼吸是人体两大生命体征，心跳停止会导致血液循环的停止，呼吸停止会导致肺内的废气不能与外界的新鲜空气进行交换，导致人体死亡。（　　）

2. 在确认触电病人心跳呼吸停止时，应立即拨打急救电话，等候医生到来，尽最大努力去挽救病人的性命。（　　）

3. 当操作员意外发生触电事故时，安全员必须冷静应对，不能惊慌失措、束手无策，首先要切断触电电源。（　　）

4. 在作业现场要因地制宜，灵活运用各种方法，快速切断电源，脱离带电体。

（　　）

5. 抢救触电患者时，抢救人员站在伤者的前面，以便观察伤者脸面、胸部的状况，做出正确的处理。（　　）

6. 抢救人员仔细观察伤者胸部和腹部是否随呼吸而起伏运动，用手放在伤者的鼻孔前，确认是否能感到气流。（　　）

7. 非医务人员判断时，只要确认伤者意识丧失和呼吸停止即可认定死亡。（　　）

8. 伤者无呼吸无心跳，除了拨打 120 急救电话外，应立即摇晃或大声呼叫伤者促其清醒。（　　）

9. 人工呼吸主要分为口对口呼吸法和口对鼻呼吸法，目前认为口对鼻呼吸法效果最好。（　　）

10. 胸外按压连续操作每分钟不低于 100 次，每秒至少 1 次按压。（　　）

11. 在抢救初期，有经验的抢救人员也可以采用叩击心前区的方法促使心脏恢复跳动。（　　）

12. 触电时人体摔倒往往会导致脑震荡、颅底骨折、四肢和躯体骨折等外伤，在保证生命体征的紧急抢救后，应送医院就诊治疗。（　　）

## 四、简答题

1. 触电者分为哪三种类型？

2. 简述人体触电后急救的基本原理。

3. 如何判断伤者是否有意识？

4. 如何判断伤者是否有呼吸？

5. 如何判断伤者是否有心跳？

6. 如何正确使用自动体外除颤仪？

7. 如何进行人工呼吸？

8. 如何进行胸外按压？

# 模块二
# 新能源汽车高压电绝缘用具及其使用

## 练习 1　基本绝缘安全用具

### 一、填空题

1. 新能源汽车维修中提到的高压电安全防护工具主要是指＿＿＿＿＿＿＿＿，是用来防止操作人员直接触电的用具。

2. 高压电绝缘安全用具包括＿＿＿＿＿＿＿安全用具和＿＿＿＿＿＿＿＿安全用具两类。

3. 基本绝缘安全用具是指能＿＿＿＿＿＿＿带电设备、＿＿＿＿＿＿＿＿＿带电体的工器具。

4. 放电工装用于对电器设备检修时＿＿＿＿＿＿＿＿＿＿＿＿＿＿＿＿＿＿。

5. 新能源汽车在维修操作时需要＿＿＿＿＿＿＿人员进行操作，要求在高压部件周围必须放置＿＿＿＿＿＿＿＿＿＿。

6. 新能源汽车维修中有高、低压电线或端子裸露时，必须使用＿＿＿＿＿＿＿＿＿将＿＿＿＿＿＿＿＿包住。

7. ＿＿＿＿＿＿＿＿＿＿灭火器在新能源汽车上属于必须配备的随车用具。

8. 新能源汽车基本绝缘安全用具主要有＿＿＿＿＿＿＿＿、＿＿＿＿＿＿＿＿、＿＿＿＿＿＿＿＿、＿＿＿＿＿＿＿＿＿等。

9. 基本绝缘安全用具在使用时必须配合＿＿＿＿＿＿＿＿＿用具。

10. 新能源汽车维修中涉及__________________时需要使用绝缘工具。

11. 新能源汽车如果只是动力蓄电池着火，推荐使用_____________灭火器。

12. 灭火器在室外使用时，操作者应选择站立在_________方向。

13. 非化纤类的工作服能防___________。

14. 二氧化碳灭火器使用时不能直接用手抓住_________________或金属连接管，防止______________。

15. 放电工装主要由___________、___________和__________构成。

16. 对放电工装进行功能测试时，指示灯应___________。

17. 严禁长时间使用放电工装对___________________进行放电操作，否则会造成______________。

18. 新能源汽车维修带电作业时，手不可触及绝缘工具的_____________，以免发生_____________。

19. 绝缘胶带一般只适用于___________以下线路的绝缘。

## 二、选择题

1. (　　) 不是新能源汽车基本绝缘安全用具。

A. 放电工装　　B. 绝缘工具

C. 绝缘手套　　D. 隔离带

2. 动力蓄电池着火时应使用（　　）灭火器。

A. 1211　　B. 泡沫

C. ABC 干粉　　D. 二氧化碳

3. (　　) 灭火器多用于油或电路火灾。

A. 1211　　B. 泡沫

C. ABC 干粉　　D. 二氧化碳

4. 在使用放电工装时，测试灯（　　），表示完成放电。

A. 逐渐变暗　　B. 逐渐变亮

C. 熄灭　　D. 闪亮

## 三、判断题

1. 在使用基本绝缘安全用具时必须配合辅助绝缘安全用具。　（　　）

2. 放电工装放电完毕时，必须再次验电，保证放电有效。（ ）

3. 放电工装是新能源汽车辅助绝缘安全用具。（ ）

4. 新能源汽车维修工位设置的隔离带或隔离栏，应在车辆前、后、左、右处各留10~15 m 的距离。（ ）

5. 新能源汽车发生大面积或大的火灾时，可采取持续浇水方法熄灭动力蓄电池火灾。（ ）

6. 若有电荷通过，放电工装测试灯会亮起。（ ）

7. 严禁长时间使用放电工装对低压蓄电池进行放电操作，以免造成低压蓄电池亏电现象。（ ）

8. 新能源汽车维修中必须使用绝缘工具。（ ）

9. 维修新能源汽车时，在工位周围必须布置有明显警示颜色的隔离带或隔离栏。（ ）

10. 绝缘胶带无保质期要求。（ ）

11. 绝缘胶带一般只适用于 1 000 V 以下线路的绝缘。（ ）

12. 为避免浪费，拆开的绝缘胶带应重复使用。（ ）

13. 手提式二氧化碳灭火器不可在室内狭窄空间使用。（ ）

14. 新能源汽车维修操作时必须穿非化纤类的工作服。（ ）

15. 发生火灾事故时，非化纤类工作服会在高温环境下粘连人体皮肤。（ ）

## 四、简答题

1. 什么是基本绝缘安全用具？主要有哪些？

2. 简述放电工装的使用方法。

3. 简述放电工装的使用注意事项。

4. 简述手提式二氧化碳灭火器的使用方法。

5. 简述手提式二氧化碳灭火器的使用注意事项。

6. 简述绝缘工具的使用注意事项。

# 练习 2　辅助绝缘安全用具

## 一、填空题

1. 辅助绝缘安全用具是配合________________使用的。

2. 辅助绝缘安全用具的绝缘强度不能________________________________。

3. 辅助绝缘安全用具本身的绝缘________________，只能________________。

4. 新能源汽车辅助绝缘安全用具主要有________、________、________、________、________等。

5. 穿戴绝缘手套可防止操作人员________________，以免遭到电击。

6. 新能源汽车维修用的绝缘手套通常具有________和________两种独立性能。

7. 进行新能源汽车维修作业时，选用绝缘手套级别为________，即直流验证试验电压为________，最低耐受电压为________。

8. 绝缘手套的________、________、________等参数一般印在手套内部或外部。

9. 绝缘手套使用满________时间必须进行________试验。

10. 新能源汽车维修时可选用________试验耐压等级的________鞋或耐压等级________的________鞋。

11. 每双绝缘鞋的帮面或鞋底上应有________、________、________和________。

12. 安全帽是防________和________的头部防护装置。

13. 每顶安全帽应有四项永久性标志：________________；________________；________________；________________。

14. 安全帽在使用过程中要________，应注意在________内使用。

15. 绝缘垫应储存在________中，远离________，不要露天放置，

________________。

16. 绝缘垫是具有________________和______________的胶垫。

## 二、选择题

1. （　　）不是新能源汽车辅助绝缘安全用具。

A. 绝缘手套　　B. 绝缘垫

C. 绝缘鞋　　D. 绝缘工具

2. 新能源汽车维修用的绝缘手套要能够承受（　　）以上的工作电压。

A. 220 V　　B. 380 V

C. 65 V　　D. 1 000 V

3. 在进行新能源汽车维修作业时，绝缘手套选用级别为（　　）。

A. 0　　B. 1

C. 2　　D. 3

4. 绝缘手套需要定期检验，而且在每次使用前必须进行（　　）检查。

A. 防水性能　　B. 耐酸碱性能

C. 密封性能　　D. 防电性能

5. （　　）可使人体与地面绝缘，防止电流通过人体与大地之间构成回路。

A. 绝缘手套　　B. 绝缘鞋

C. 安全帽　　D. 绝缘工具

6. 皮绝缘鞋预防性试验耐压等级为（　　）。

A. 2 kV　　B. 4 kV

C. 6 kV　　D. 10 kV

7. 在维修新能源汽车时，一般操作人员应佩戴（　　）安全帽。

A. 红色　　B. 蓝色

C. 黄色　　D. 橙色

8. 在维修新能源汽车时，应佩戴（　　）（绝缘）类安全帽。

A. Y2　　B. Y4

C. T2　　D. T4

9. 应注意在（　　）内使用安全帽。

A. 保质期　　B. 有效期

C. 维护期　　D. 保存期

10. 绝缘垫有不同电压等级，新能源汽车维修时选用（　　）等级的即可。

A. 3 kV　　B. 6 kV

C. 5 kV　　D. 10 kV

## 三、判断题

1. 辅助绝缘安全用具本身的绝缘不足以抵御工作电压。（　　）
2. 辅助绝缘安全用具能抵御系统中过电压对操作人员的人身安全侵害。（　　）
3. 辅助绝缘安全用具在新能源汽车维修中是单独使用的。（　　）
4. 辅助绝缘安全用具只能强化基本绝缘安全用具的保护作用。（　　）
5. 绝缘手套可防止高压动力蓄电池组的氢氧化物等化学物质对人体组织的伤害。（　　）
6. 绝缘手套无保质期限要求。（　　）
7. 绝缘鞋可防止电流通过人体与车身构成回路。（　　）
8. 绝缘鞋鞋底被异物刺穿后，可修补后继续作绝缘鞋使用。（　　）
9. 绝缘皮鞋要注意皮面保养，勤擦鞋油，但不宜水洗。（　　）
10. 绝缘鞋不能与油类、酸性、碱性及尖锐物质等相接触。（　　）
11. 防水、耐酸碱、耐穿刺、防油是对安全帽的基本技术性能要求。（　　）
12. 安全帽有不同颜色，新能源汽车维修时黄色为操作人员佩戴，红色为监护人员佩戴。（　　）
13. 受过重击、有裂痕的安全帽，若无损坏现象，可视情继续使用。（　　）
14. 新能源汽车维修时严禁使用帽内无缓冲层的安全帽。（　　）
15. 新能源汽车维修必须使用只有下颌带与帽壳连接的安全帽。（　　）
16. 新能源汽车维修用护目镜要专人使用，防止传染眼病。（　　）
17. 护目镜可防止新能源汽车维修作业中高压部件产生的电火花对眼睛的伤害。（　　）
18. 护目镜可防止新能源汽车维修作业中电解液飞溅引起的损伤。（　　）
19. 护目镜可防止新能源汽车维修作业中的静电。（　　）

## 四、简答题

1. 什么是辅助绝缘安全用具？

2. 如何检查绝缘手套的密封性能？

3. 简述绝缘手套的使用注意事项。

4. 简述绝缘鞋的使用注意事项。

5. 简述护目镜的佩戴注意事项。

# 模块三
# 新能源汽车的安全性

## 练习 1　锂电池的安全性

### 一、填空题

1. 锂电池的外壳多为钢或含镍不锈钢制成，分为__________形和__________形。

2. 锂电池正极材料由含锂化物粉（$LiCoO_2$、$LiNiO_2$、$LiMn_2O_4$）、__________、黏合剂和铝箔等黏合而成。

3. 引起锂电池火灾的原因主要有异物穿刺、外力撞击、__________、内部进水等。

4. 美国交通部已将锂电池归类为一种具有__________性、浸出毒性、__________性、反应性等有毒有害性的电池，是各类电池中包含毒害性物质最多的电池。

5. 废旧锂电池的电解质进入环境中，可发生水解、__________、燃烧等化学反应，产生 HF、__________和含磷化合物，造成氟污染和砷污染。

6. 锂电池电解液为有机易__________的液体，而且有明显的腐蚀性，长时间吸入挥发性气体对呼吸道有损害，引发呼吸道疾病。

### 二、选择题

1.《电动汽车用锂离子动力蓄电池包和系统　第 3 部分：安全性要求和测试方法》（GB/T 31467. 3—2015）中对单体锂电池、电池模块和电池包的安全测试和要求做出了明确的规定，要求电池短路保护装置起作用，蓄电池系统无泄漏、外壳破裂、着火或爆炸等现象，试验后的绝缘电阻值不小于（　　）。

A. 50 Ω/V　　B. 100 Ω/V

C. 200 Ω/V　　D. 1 000 Ω/V

2. 如果起火时人员已经逃出汽车，则消防员必须要拉开（　　）以上的灭火距离。

A. 15 m　　B. 20 m

C. 25 m　　D. 30 m

3. 在新能源汽车中动力蓄电池作为整车最主要的动力来源，（　　）一般不作为动力蓄电池使用。

A. 锂电池　　B. 镍氢电池

C. 燃料电池　　D. 铅酸电池

4. 发现新能源汽车电池出现问题时，在保证人身安全的前提下，按照正常的操作流程，首先应（　　）。

A. 切断电源　　B. 拨打救援电话

C. 检查车辆状况　　D. 以上均不是

5. 废旧锂电池宜采取（　　）的处理方法。

A. 填满　　B. 焚烧

C. 堆肥　　D. 回收

6. 动力蓄电池起火，温度一般可达（　　）。

A. 1 000 ℃　　B. 1 500 ℃

C. 2 000 ℃　　D. 500 ℃

## 三、判断题

1. 衡量电池防尘防水性能的指标 IP××中，第一个×代表防水（液态）等级，第二个×代表防尘（固态）等级。（　　）

2. 动力蓄电池起火后，不允许用水进行灭火。（　　）

3. 动力蓄电池灭火后，需监控冒烟直到电池不再冒烟之后一小时以上，防止电池火灾死灰复燃。（　　）

4. 锂是一种非常活泼的金属，遇水会发生剧烈的化学反应，将水分解为氢气和氧气并放出大量热量引起燃烧。（　　）

5. 废旧锂电池的溶剂经过水解、燃烧分解等化学反应，生成甲醛、甲醇、乙醛、乙醇、甲酸等小分子有机物，这些小分子物质不溶于水，所以不会对水源造成污染。

（　　）

6. 锂电池已广泛应用于新能源汽车中，它的安全性能是锂电池的第一项考核指标。

（　　）

## 四、简答题

1. 锂电池系统安全性问题表现为哪几个层次？简要说明。

2. 简述新能源汽车火灾扑救的规程。

3. 简述锂电池火灾的主要原因。

# 练习 2　镍氢电池的安全性

## 一、填空题

1. 镍氢电池一般在____________范围内的环境温度下采用不大于 1C 的恒定电流充电。

2. 镍氢电池的显著特点是受__________与__________影响巨大。

3. 一般情况下，镍氢电池的截止电压设定得太高，则电池容量不能被充分利用；反之，则容易引起电池__________。

4. 镍氢电池由__________正极、__________负极、隔膜纸、电解液、钢壳、顶盖、密封圈等组成。

5. 镍氢电池的长期存放特性主要是指镍氢电池____________的恢复能力。

6. 镍氢电池的放电平台是________V，电流越大，温度越低，电池的放电电压和放电效率都会降低。

## 二、选择题

1. IEC（国际电工委员会）将镍氢电池标准充放电模式设定为（　　）。

A. 1 V　　B. 1.5 V

C. 2 V　　D. 3 V

2. 按照 IEC（国际电工委员会）标准充放电时，一次完全充放电就是镍氢电池的充电周期，多次的充电周期构成了循环寿命，镍氢电池的充放电循环可以超过（　　）。

A. 400 次　　B. 500 次

C. 800 次　　D. 1 000 次

3.《工业企业设计卫生标准》（GB/Z 1-2010）规定车间空气中羰基镍的最高容许浓度为（　　），地面水中镍的最高容许浓度为 0.5 mg/L。

A. 0.01 $mg/m^3$　　B. 0.001 $mg/m^3$

C. 0.1 $mg/m^3$　　D. 1 $mg/m^3$

4. 镍氢电池起火后不宜使用（　　）灭火剂灭火。

A. 干粉　　B. 二氧化碳

C. 泡沫　　D. 水型

5. 镍氢电池在（　　）之间充电能获得较高的充电效率。

A. 10~30 ℃　　B. 0~30 ℃

C. 10~40 ℃　　D. 0~40 ℃

6. 镍氢电池是早期主流动力蓄电池的一种类型，于 20 世纪（　　）年代后逐渐发展起来。

A. 60　　B. 70

C. 80　　D. 90

## 三、判断题

1. 镍氢电池是早期主流动力蓄电池的一种类型，其安全性优于锂电池。（　　）

2. 镍氢电池自放电特性一般不受环境温度的影响，所以镍氢电池存放对环境并无特殊要求。（　　）

3. 镍氢电池经过较长时间存放后再次使用时，电池的容量可能会比存放前的容量小，但经过几次充放循环后，电池应能恢复到存放前的容量。（　　）

4. 镍氢电池本身对人体伤害较小，但其如果发生爆炸，电池附属物连同阻燃 ABS（高温下仍然会被闷燃或融化、老化）都会产生大量有毒、有害物质（镍粉等），对人身体有害。（　　）

5. 镍氢电池不含有害物质，所以可以掩埋处理，不会污染土壤，更不会影响农作物生长。（　　）

6. 镍氢电池与锂电池有一定区别，镍氢电池存在爆炸风险，若无专业消防安全知识不可盲目进行灭火。（　　）

## 四、简答题

1. 镍氢电池的主要特性有哪些？

2. 简述处理镍氢电池火灾的要求。

# 练习 3　燃料电池的安全性

## 一、填空题

1. 燃料电池主要分为____________、甲烷燃料电池、甲醇燃料电池和乙醇燃料电池等。

2. 燃料电池的安全性评价主要是针对__________和__________这两个部分，而且都与氢气直接相关。

3. 对氢燃料电池电堆本身来说，氢气的泄漏点主要有两处，一处是在________________处，另外一处是在膜电极的层叠间隙处。

4. 一般在储氢罐旁边、驾驶室和动力舱都安装有________________，用于在线检测氢气浓度，储氢罐还安装有应急排放阀，以降低破损以后氢气的积聚。

## 二、选择题

1. 燃料电池系统最大的安全隐患在于储氢罐，目前广泛使用的是（　　）高压铝瓶。

A. 60 MPa　　B. 70 MPa

C. 80 MPa　　D. 100 MPa

2. 燃料电池汽车发生（　　）情况，应立即进行火灾的防护及处理。

A. 闻到异味　　B. 车辆冒出烟雾

C. 车辆已经着火　　D. 以上都是

3. 燃料电池的特点不包括（　　）。

A. 安全　　B. 高效

C. 无污染　　D. 清洁

4. （　　）不属于燃料电池范畴。

A. 氢燃料电池　　B. 乙醇燃料电池

C. 银锌电池　　D. 甲烷燃料电池

## 三、判断题

1. 燃料电池是一种电化学的发电装置，等温地按电化学方式直接将化学能转化为电能，而不必经过热机过程。（　　）

2. 燃料电池电堆是很多单电池按照压滤机方式组装起来的，电堆是氢气和氧气发生电化学反应的场所，且本身能储存能量。（　　）

3. 如果燃料电池汽车的电池已经着火，必须立即停车、下车、远离。（　　）

4. 丰田公司和戴姆勒公司对其燃料电池汽车的综合测试结果表明，即使在工作状态下对电堆进行穿刺短路，也不会引起电堆火灾和爆炸发生，这主要是因为电堆内部氢气

的量并不多，而且氢气与空气可以迅速被切断。 (　　)

5. 目前燃料电池技术已经完全成熟，已广泛应用于新能源汽车中。 (　　)

## 四、简答题

1. 氢燃料电池汽车动力系统主要由哪些部件构成？

2. 燃料电池电堆的安全控制主要包括哪几个方面？

3. 简述燃料电池对环境的影响。

# 练习 4　动力蓄电池的安全性

## 一、填空题

1. 动力蓄电池在运输过程中，应注意防潮、防湿，避免＿＿＿＿＿＿、碰撞等，以免损坏动力蓄电池。

2. 动力蓄电池在实际应用中会处于不同的工作环境，电池放电性能随放电电流、温度和湿度而变化，其中＿＿＿＿＿＿＿对电池放电性能影响最大，湿度对其影响较小。

## 二、选择题

1. 动力蓄电池长时间存放不用，应保持 50%～60%荷电态，每（　　）应进行一次补电，每半年应进行一次充放电。

A. 3 个月　　B. 4 个月

C. 5 个月　　D. 6 个月

2. 新买的新能源汽车安装的是锂离子电池，前 3～5 次充电称为调整期，应充（　　）以上，保证充分激活锂离子的活性。

A. 8 h　　B. 10 h

C. 12 h　　D. 14 h

## 三、判断题

1. 动力蓄电池出现发出异味、发热、变色、变形等现象，或在使用、储存、充电过程中出现任何异常，应立即将充电枪从车上拔下并停用。（　　）

2. 锂离子动力蓄电池包没有记忆效应，却有很强的惰性，应给予充分激活后，才能保证以后的使用性能达到最佳。（　　）

## 四、简答题

1. 简述动力蓄电池的储存条件。

2. 简述环境温度对锂电池充放电性能的影响。

# 练习 5　新能源汽车的高压防护

## 一、填空题

1. 新能源汽车高压系统主要部件在整车的布置主要有________________和________________两种类型。

2. 驱动电机系统主要功能有怠速控制、________、反转控制、__________和驻坡。

3. 车载充电机也称交流充电机，是新能源汽车一个重要组成部件，它是一种能为新能源汽车的动力蓄电池补充电能的设备，可将市电________V 交流电转换为动力蓄电池需要的高压直流电。

4. 动力蓄电池系统主要由动力蓄电池箱体、__________、__________、电池控制器以及其他辅助元器件等组成。

5. 高压电缆主要由________、波纹管、________、电缆、标签、定位扎带、胶带等组成。

6. 驱动电机系统是车辆行驶的主要执行机构，其特性决定了车辆的主要性能指标，直接影响车辆动力性、________和舒适性。

7. 为实现新能源汽车动力蓄电池安全、自动地充满电，车载充电机依据________________和________提供的数据，自动调节充电电流或电压参数，从而满足动力蓄电池的充电需求，以完成充电任务。

## 二、选择题

1.（　　）不属于新能源汽车带有高压电的零部件。

A. 动力蓄电池　　B. 驱动电机

C. 车载充电机　　D. 整车控制器（VCU）

2. 高压电缆将新能源汽车高压系统上各个高压零部件相连，作为高压电源传输的媒介，区别于低压线束系统，高压电缆均采用（　　）色外皮。

A. 红　　B. 橙

C. 蓝　　D. 绿

3. 在新能源汽车中动力蓄电池是整车最主要的动力来源，（　　）可作为动力蓄电池使用。

A. 银锌电池　　B. 三元锂电池

C. 锰酸电池　　D. 铅酸电池

4. 纯电动汽车驱动电机与传统燃油汽车发动机将燃料燃烧的化学能转为机械能不同，其工作效率更高，能达到（　　）以上，故其能量利用率更高，能减少资源浪费。

A. 80%　　B. 85%

C. 90%　　D. 95%

5. 电池管理系统（BMS）实时采集（　　）数据，实时监控动力蓄电池的工作状态，并通过 CAN 线与整车控制器（VCU）或车载充电机之间进行通信，通过控制接触器来对动力蓄电池进行充放电等进行综合管理。

A. 单体电芯的电压　　B. 各温度传感器的温度值

C. 电池系统的总电压值　　D. 以上都是

6.《电动汽车　安全要求》（GB/T 18384-2015）中规定，绝缘电阻最低要求为直流 100 Ω/V，交流（　　）。

A. 200 Ω/V　　B. 400 Ω/V

C. 500 Ω/V　　D. 1 000 Ω/V

7. 被动泄放指在含有主动泄放的同时，驱动电机控制器内部含有高压的电控产品同时设计有被动泄放回路，可在（　　）内将高压回路直流母线电压泄放到 60V 以下，被动泄放是主动泄放失效的二重保护。

A. 2 min　　B. 3 min

C. 4 min　　D. 5 min

## 三、判断题

1. 高压控制盒安装在动力蓄电池与各高压零部件之间，是连接动力蓄电池与外部用电设备和充电设备的控制机构，类似于低压电路系统中的熔断器。（　　）

2. 动力蓄电池决定了新能源汽车的动力性能和续驶里程，并影响整车制造成本。（　　）

3. 在新能源汽车使用或维修中，为了防止高压触电事故的发生，整车设计有高压电气系统防护措施，主要分为基本保护措施和预防式保护措施两大类。（　　）

4. 高压器件外部的高压电缆必须含有屏蔽层，或外部罩有屏蔽罩等，以屏蔽电磁辐射，高压接插件在对接状态下须达到 180°屏蔽。（　　）

5. 达到 IP67 级或以上防护安全级别的防护能做到完全防止外物及灰尘侵入，且在深达 1 m 的水中浸泡 1 h 不出问题。（　　）

6. 主动泄放指驱动电机控制器中含有主动泄放回路，当检测到车辆高压回路中某处接插件存在拔开状态时，控制器可在 5 min 内将高压回路直流母线电压主动泄放到 60 V 以下，迅速释放危险电能，最大限度保证人员安全。（　　）

7. 比亚迪 e5 车型的漏电传感器检测到绝缘阻值大于 100 kΩ/V 而小于等于 500 kΩ/V

将判断为一般漏电；检测到绝缘阻值小于等于 100 kΩ/V 则判断为严重漏电。 (  )

## 四、简答题

1. 简述 DC/DC 变换器的功能。

2. 新能源汽车上的预防式保护措施主要有哪些？

3. 简述高压互锁的工作原理。

# 模块四
# 新能源汽车的日常维护与安全使用

## 练习1　新能源汽车的日常维护

### 一、填空题

1. 新能源汽车在__________以及__________方面与传统燃油汽车存在较大区别。

2. 为了表明高压线路的特殊性并提供警示，一般用________色外皮的线束来表示高线线束，从而与普通线束区别开。

3. 比亚迪 e5 车型配备的三套冷却系统分别是提供给__________、__________和__________使用的。

4. 汽车胎压需要在冷态下进行测量，需要分别在____________________和________________两种状态下进行。

5. 与传统燃油汽车不同，新能源汽车的空调压缩机驱动力来源为______________。

6. 高压线束接插件常见的故障类型有__________、__________、__________和__________。

7. 新能源汽车高压系统外观建议至少间隔________________进行一次检查。

8. 只有在车辆挡位处于________和________两种状态时车辆才能正常启动。

9. 新能源车辆起动后不会有机械噪声，需要通过仪表上的________和________指示灯来判断车辆是否处于起动状态。

10. 只有在踩下________的前提下，才能将挡位挂入 D 挡或 R 挡。

11. 新能源汽车一般具备________的功能，能够在一定程度上降低制动片的磨损。

12. 在高速行驶的工况下，________车窗会对降低车辆的能量消耗起到一定帮助作用。

13. 在电池容量相同的前提下，充电的功率________，充电的速度就越快。

14. 目前，电动汽车充电的方式可以分为________和________两种。

15. 相对来说，在交流充电和直流充电两种不同的充电方式之中，________方式在充电速度上更快。

16. 若出现温度________或________的现象，可能会对充电速度产生影响甚至造成无法充电。

17. 如果使用家用电源的三脚插座充电，必须保证插座有可靠的________。

18. 若安装了交流充电桩，充电功率与使用家用三脚插座充电相比会更________。

19. 氢气在常温常压的情况下能量密度________，因此在应用环境中，一般都在运输储存的过程中对氢气进行________处理。

20. 氢气的爆炸极限是________。

21. B 类气罐的工作压力是 50 MPa 和________。

## 二、选择题

1. 新能源车辆上的高压安全标签底色为（　　）。

A. 黑色　　B. 橙色

C. 黄色　　D. 红色

2. （　　）不属于车辆每日检查内容。

A. 车胎状况　　B. 制动液液位

C. 仪表信号灯　　D. 安全带

3. 除了散热这一主要作用之外，冷却液还有其他功能，以下不属于冷却液功能的是（　　）。

A. 润滑　　B. 防冻

C. 防锈　　D. 防垢

4. 制动液的更换年限一般是（　　）。

A. 1 年　　B. 2 年

C. 3 年　　D. 4 年

5. 风窗玻璃清洗液一般情况下可以通用，除了（　　）参数之外不需要特别关注。

A. 冰点　　B. 沸点

C. 种类　　D. 液位

6. （　　）位置一般不会有车辆标准胎压参数的标注。

A. 车辆 B 柱附近标签上　　B. 汽车使用手册

C. 充电口盖　　D. 轮胎上

7. 如果需要行驶后调节胎压，需要停车（　　）以上。

A. 1 h　　B. 2 h

C. 3 h　　D. 4 h

8. 只有挡位处于（　　）或 P 挡，车辆才能正常起动。

A. R 挡　　B. N 挡

C. D 挡　　D. E 挡

9. （　　）不会让新能源汽车无法起动。

A. 遥控钥匙没电　　B. 高压系统存在互锁报警

C. 低压蓄电池没电　　D. 挡位传感器卡死在 D 挡位置

10. （　　）会明显增加车辆行驶的能耗。

A. 尽量以恒定车速行驶　　B. 合理调节空调温度

C. 高速行驶时尽量以最高车速行驶　　D. 高速公路行驶时关闭所有车窗

11. 直流快充的充电功率高，充电速度快，一般（　　）就可以充满电。

A. 1~2 h　　B. 2~3 h

C. 3~4 h　　D. 4~5 h

## 三、判断题

1. 出于安全警示目的，一般新能源汽车上的高压线束都采用橙色外皮。（　　）

2. 冷却液在使用过程中会有消耗，只要发现冷却液下降，立即添加到指定位置即可放心继续使用。（　　）

3. 冷却液检查可以在热车的状态下进行，对检查结果没有影响。（　　）

4. 制动液液位一般会随着制动片的磨损缓慢下降，是正常现象，不需要补充。
( )

5. 车辆的胎压过高会造成轮胎中间部位磨损加快。 ( )

6. 为保证制冷系统的正常工作，至少需要每季度启动一次压缩机，保证冷冻机油的循环。 ( )

7. 由于每辆车的行驶工况存在较大差异，行驶频率较低以及里程数较少的车辆可以适当拉长定期检查的间隔到每半年一次。 ( )

8. 所有新能源汽车在车辆启动时都使用“READY”指示灯来表示车辆处于运行状态。 ( )

9. 电动汽车由于功率普遍低于同级别传统燃油汽车，因此起步时发生打滑的可能性很小。 ( )

10. 新能源汽车大多具备制动能量回收功能，因此制动系统工作较为灵敏，不需要重踩制动踏板就能够获得最大制动力。 ( )

11. 家用交流充电桩一般功率在 7kW 以内。 ( )

## 四、简答题

1. 简述车辆高压线束定期检查的主要内容。

2. 简述新能源汽车节能驾驶的注意事项。

3. 简述新能源汽车交流充电的操作流程。

4. 简述现阶段氢气在储存和使用过程中存在的问题。

## 练习 2　新能源汽车的安全使用

### 一、填空题

1. 在行驶过程中，蓄电池报警灯点亮说明车辆的________工作出现了异常情况。

2. 当________灯点亮时，需要及时进行充电，避免出现因电量不足而无法继续行驶的情况。

3. 当行驶的过程中发现车辆冒烟时，需要第一时间________并关闭电源。

4. 新能源汽车在有故障无法行驶的情况下，若需要移动车辆，应该使用________或者________的方式拖车，避免引起电气系统故障。

5. 车辆发生失火情况时，最重要的是保证________安全。

6. 动力蓄电池起火的情况下可能会造成________，因此在施救时应与车辆保持安全距离。

## 二、选择题

1. 下列不属于新能源汽车充电需要满足的条件的是（　　）。

A. 合适的环境温度　　B. 通风的场地

C. 周围无易燃易爆物品　　D. 晴朗的天气

2. 下列不属于氢气性质的是（　　）。

A. 在元素周期表中位于第一位　　B. 无色无味，极易燃烧

C. 爆炸极限是 4.0%~47.2%　　D. 单位体积质量只有空气的 7%左右

3. （　　）指示灯点亮时，车辆仍然可以正常行驶一段时间。

A. 　　B.

C. 　　D.

## 三、判断题

1. 新能源汽车相对传统燃油汽车故障类型有明显的区别，一般情况下涉及高压系统的故障不建议自行维修。（　　）

2. 充电提醒灯亮起时，车辆不能继续行驶，需要立即停车呼叫救援。（　　）

3. 新能源汽车电池价值高，因此发生火灾后应尽力扑救。（　　）

## 四、简答题

1. 简述车辆发生起火现象时的处理方案。

2. 简述车辆发生高压系统故障时产生的不同现象以及应对手段。

# 模块五
# 新能源汽车高压系统的断电操作

## 练习 1　新能源汽车高压电缆接插件的解锁方法

### 一、填空题

1. 新能源汽车与传统燃油汽车在原理上有较大区别，传统燃油汽车只有低压系统，而新能源汽车由＿＿＿＿＿＿系统和＿＿＿＿＿＿系统组成。

2. 插接件的性能直接决定线束的整体性能，而且对全车电器的＿＿＿＿＿＿、＿＿＿＿＿＿起决定性的作用。

3. 新能源汽车上的高压大电流接插件，通过的电流一般都高达 100～400A，因此要求接插件具备通过＿＿＿＿＿＿＿＿的能力，其接插件的接触件性能稳定性就显得非常重要。

4. 高压电缆接插件按接触件结构形式不同，可分为＿＿＿＿＿＿、＿＿＿＿＿＿和＿＿＿＿＿＿。

5. 高压电缆接插件按锁止机构不同，可分为＿＿＿＿＿＿、＿＿＿＿＿＿＿、＿＿＿＿＿＿和＿＿＿＿＿＿。

6. 高压电缆接插件解锁方法不同于低压线束，解锁高压电缆接插件时要＿＿＿＿＿解除锁扣拔下，禁止＿＿＿＿＿＿＿。

7. 新能源汽车航空插头可以承受较高的＿＿＿＿＿与＿＿＿＿＿，承受高强度震动、高温、水雾以及灰尘等恶劣环境，而且插拔方便、简单快捷。

8. 选用的航空插头最好是＿＿＿＿＿芯，这样插拔自锁系统比较安全。

## 二、选择题

1. 为了避免人为意外触发或者行驶中因为震动等因素断开，新能源汽车高压电缆接插件设置了（　　）。

A. 安全装置　　B. 打开装置

C. 锁止机构　　D. 关闭装置

2. 维修开关用于（　　）。

A. 切断动力蓄电池中的连接回路　　B. 维修车辆底盘

C. 切断低压蓄电池电压　　D. 手动维修充电器

3. 北汽 EV200 纯电动汽车的维修开关属于（　　）锁止机构式高压接插件。

A. 一级　　B. 二级

C. 三级　　D. 四级

4. 图 5－1 所示是一级锁止机构式高压电缆接插件，下列解锁方法中正确的是（　　）。

A. 将锁扣 2 向外拉出，按下位置 1，将高压电缆接插件均匀用力向外拔出

B. 按下位置 1，将高压电缆接插件均匀用力向外拔出

C. 将锁扣 2 向外拉出，将高压电缆接插件均匀用力向外拔出

D. 按下位置 1，将锁扣 2 向外拉出，将高压电缆接插件均匀用力向外拔出

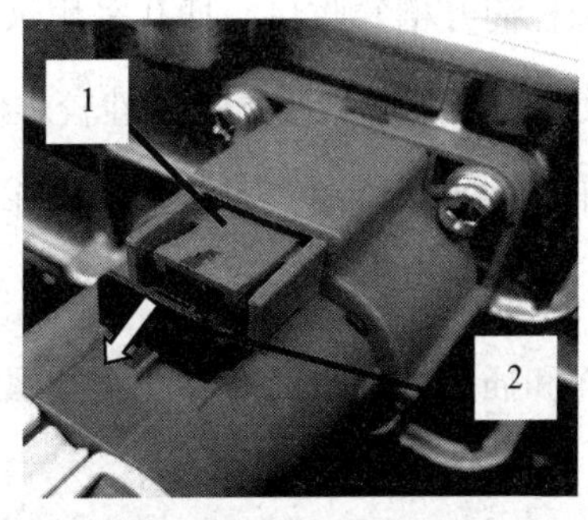


图 5－1　一级锁止机构式高压电缆接插件

5. 关于航空插头的安装方法，下列说法中错误的是（　　）。

A. 安装航空插头时，要将接插件针孔与针脚对齐

B. 轻轻推入使航空插头内止口与接插件定位键咬合

C. 逆时针旋转航空插头端部螺帽直至拧紧

D. 航空插头插座的外表面与插头的内表面有相配合的螺纹

6. 关于高压电缆接插件，下列说法中错误的是（　　）。

A. 一级锁止机构式高压电缆接插件广泛应用于新能源汽车高压连接电缆中，包括相互配接的接插件插头、接插件插座及加强两者连接的锁扣

B. 二级锁止机构式高压电缆接插件的结构中包括相互配接的接插件插头、接插件插座及加强两者连接的助力手柄

C. 北汽 EV200 汽车的维修开关是三级锁止机构式，包括相互配接的接插件插头、接插件插座及加强两者连接的内外侧两个助力手柄

D. 高压电缆接插件连接较紧，解锁时遇到拆不下来的情况，应进一步加大力量直至拔出

## 三、判断题

1. 高压电缆是新能源汽车高压部件工作的桥梁和纽带，插接件是高压电缆中的核心部件之一。（　　）

2. 新能源汽车的维护与维修与传统燃油汽车区别不大。（　　）

3. 设计大电流接插件时，选用何种接触形式将直接决定连接器的质量和成本。（　　）

4. 片式接插件的插孔为圆柱筒开槽并收口，插孔采用铍青铜丝（棒）加工，原材料价格较贵，且后续收口工序较难控制，产品质量一致性较难保证，成本较高。（　　）

5. 大电流航空插头的应用范围十分广泛，在新能源汽车部分大电流接插件上也有应用。（　　）

6. 航空插头插座的外表面和插头的内表面有相配合的螺纹。（　　）

## 四、简答题

1. 新能源汽车高压系统维修前，为什么要进行高压系统断电？

2. 高压航空插头有哪些优点？

# 练习 2　高压断电准备工作

## 一、填空题

1. 在进行高压系统断电前，除需做好____________、____________、断开低压电源等准备工作外，还需了解新能源汽车作业“十不准”。

2. 设备检修切断电源时，任何人不准启动挂有__________的电气设备，或合上拔去的熔断器。

3. 作业前应进行现场环境检查，包括检查__________，设立__________，布置

__________，张贴____________，以警示相关人员，避免无关人员进入发生安全事故。

4. 新能源汽车维修人员必须__________并_________必要的安全防护用品，如绝缘手套、绝缘鞋、护目镜、安全帽等，其耐压等级需符合作业要求。

5. 新能源汽车维修中进行涉及高压部件的拆装时需要使用__________，确保操作人员人身安全。

6. 如果车辆使用按钮起动，需将钥匙拿到离车至少_______m 远的地方，或锁入维修柜，防止汽车被意外起动。

7. 所有充电口应用__________封住，防止车辆作业时被误充电。

8. 切断低压控制系统，防止在进行高压系统维修时误操作接通导致高压上电，造成危险。应对低压蓄电池负极接线柱做绝缘处理，并等待__________min 以上。

## 二、选择题

1. 对新能源汽车进行电气绝缘性能检测时，需要使用专用的（　　）测量高压电缆及零部件对车身的绝缘电阻是否位于规定值范围内。

A. 绝缘测试仪器　　B. 电压表
C. 解码仪　　D. 示波器

2. 关闭车辆点火开关，确认点火开关置于（　　）位置，将钥匙放到一个安全的区域，通常应该远离被维护的汽车。

A. ON　　B. LOCK
C. ACC　　D. START

3. 在维修带有高电压的新能源汽车前，务必规范执行高电压的（　　）操作，避免因意外造成高压触电事故。

A. 断电和检验　　B. 断电和通电
C. 通电和检验　　D. 防护和检验

4. 在进行高压系统断电前，需要做的准备工作有（　　）。

A. 场地布置　　B. 绝缘用品准备
C. 断开低压电源　　D. 以上都是

5. 高压断电操作需断开低压蓄电池负极，并对低压蓄电池负极接线柱做绝缘处理，下面说法中错误的是（　　）。

A. 需要切断低压控制系统

B. 防止在进行高压系统维修时误操作接通导致高压上电，造成危险

C. 需要用绝缘胶布包裹低压蓄电池负极接线柱

D. 需要佩带绝缘手套操作

6.（　　）时，新能源汽车需要进行高压系统断电操作。

A. 更换低压蓄电池　　B. 更换轮胎

C. 检修驱动电机控制器　　D. 更换制动片

7. 当维修开关被断开后，（　　）还持续具有高压。

A. 动力蓄电池　　B. 逆变器

C. 车载充电机　　D. 驱动电机

8. 下列说法中错误的是（　　）。

A. 任何人不准玩弄电气设备和开关

B. 破损的电气设备应及时调换，不准使用绝缘损坏的电气设备

C. 可以利用车身电源对电动汽车以外的用电设备供电

D. 熔丝熔断时，不准调换容量不符的熔丝

## 三、判断题

1. 正常情况下，在钥匙开关关闭后，高压系统已不存在高压电。（　　）

2. 处理橙色高压部件和线路时，要确保佩戴绝缘手套。（　　）

3. 高压系统断电实操具有一定的高电压安全危险，务必要按照教师的指导操作。（　　）

4. 新能源汽车的驱动电机持续存在高电压。（　　）

5. 发现有人触电，应立即切断电源进行抢救，触电者未脱离电源前不准直接与其接触。（　　）

6. 新能源汽车均已设计保护措施，雷雨天气时也可以在室外对车辆充电和进行维修维护工作。（　　）

## 四、简答题

1. 断开低压蓄电池负极，为什么要等待 5 min 以上再拆卸维修开关？

2. 新能源汽车高压系统断电，需要做哪些准备工作？

# 练习 3　新能源汽车高压系统断电方法

## 一、填空题

1. 新能源汽车生产厂家一般会在动力蓄电池上设计一个串联的____________，用于人工切断整个动力蓄电池的回路。

2. 北汽新能源 EV200 车型的维修开关安装在____________位置，拆除维修开关前需要拆除后排座椅及地板胶。

3. 维修开关拆除后，需放置____________。

4. 即使维修开关被断开，______________________及其连接电路仍然在串联的位置具有高压。

## 二、选择题

1. 比亚迪 e5 车型的手动维修开关位于（　　）。

A. 行李箱　　　　B. 中央扶手箱的下部

C. 前机舱　　　　D. 后排座椅下面

2. 新能源汽车维修开关的操作应由（　　）进行。

A. 专业人员，并且操作人员进行过相关培训

B. 实训学生

C. 车主

D. 店长

3. 拆下的维修开关应妥善保存在（　　）中，以防止其他人误将它安装回车上，并将裸露的维修开关槽使用绝缘胶布封住。

A. 工作台面　　　　B. 车里

C. 车主　　　　D. 口袋或工具箱

4. 下列说法中错误的是（　　）。

A. 维修开关在特殊情况下才可使用，如车辆维修、漏电报警等情况，在非特殊情况下不允许对维修开关进行操作

B. 只有在车辆已被下电，以及高压部件电容已充分放电的情况下才能拆下维修开关

C. 拔下维修开关后，必须放置在工作台面显著位置，直至检修完毕，以免遗失

D. 操作时，操作人员必须佩戴必要的安全防护用品，如绝缘手套、绝缘胶鞋等，其耐压等级必须大于电池组的最高电压

5. 下列说法中错误的是（　　）。

A. 不经技术部门或主管部门审批，不准私自改动和加装

B. 在使用绝缘手套前，应确认其无裂纹、磨损以及其他损伤

C. 拆除维修开关，并保存在口袋或工具箱中

D. 对贴有高压警示标识的部件应小心触摸

## 三、判断题

1. 高压系统断电操作主要是通过正确的操作步骤来关闭车辆高压系统。 (　　)

2. 在维修作业时，对高压部件母端应使用绝缘胶带缠绕，防止高压触电或短路。 (　　)

3. 高压系统断电必须由具有电气作业资质的人员操作并放置高压安全警示牌。 (　　)

## 四、简答题

1. 以北汽新能源 EV200 汽车为例，写出高压系统的断电步骤。

2. 新能源汽车高压系统断电后，如何进行高压验电及高压部件放电操作？

# 练习 4　新能源汽车高压系统检验方法

## 一、填空题

1. 新能源汽车高压系统检验是利用____________再次确认__________以后，具体维修的部件是否仍存在____________。

2. 维修新能源汽车时，因所维修高压部件可能存在______________，需使用______对所维修部位进行__________测量，如果所测量值大于________时应使用__________________对该部位进行________________。

3. 验电时，必须用____________合适且合格的验电表。

4. 放电操作完毕时，必须再次____________，保证放电有效。

## 二、选择题

1. 新能源汽车高压系统如检测出仍有高电压，则需对（　　）进行放电。

A. 低压部件　　B. 高压部件

C. 所有部件　　D. 整车

2. 维修新能源汽车时，如果维修部位电压大于 0V 时应使用（　　）对该部位进行放电。

A. 电压表　　B. 绝缘表

C. 放电工装　　D. 验电器

3. 对于新能源汽车高压部件放电作业，下面说法中正确的是（　　）。

A. 放电操作时，无须佩戴绝缘橡胶手套

B. 首次放电完毕后即可进行下一步操作

C. 所维修高压部件可能存在残余电量，应使用万用表对所维修部位进行电压测量

D. 放电作业可以用导线对高压部位进行放电

## 三、判断题

1. 新能源汽车维修时，若验电后如果仍有高电压，需再次进行放电。　　（　　）

2. 新能源汽车维修，在进行放电操作时，无须戴着绝缘橡胶手套。 （　　）

3. 验电时，必须用电压等级合适且合格的验电表。 （　　）

4. 验电操作时，万用表测量值大于 0 V 时，应使用放电工装对该部位进行放电。 （　　）

5. 解锁高压电缆接插件时，若解锁不了，可加大力度进行拆卸。 （　　）

## 四、简答题

1. 简述新能源汽车高压验电操作应注意事项。

2. 新能源汽车维修时，如何进行高压验电？

# 练习 5 新能源汽车高压电安全操作注意事项

## 一、填空题

1. 在维修新能源汽车之前一定要采取正确的____________，高压工作过程需严格按照高电压操作章程执行。

2. 在高压部件拆装后，重新接通高压电之前，需要检查所有高压部件的________________，确保其可靠性。

## 二、选择题

1. 下列说法中错误的是（　　）。

A. 对车辆进行维修时，非相关人员不允许随意接触车辆

B. 对车辆进行维修时，严禁非专业人员对高压部件进行维修

C. 维修人员不是专业救援人员，无须具备高压电事故急救知识及技能

D. 在维修作业时对高压部件母端应使用绝缘胶带缠绕，防止高压触电或短路

2. 下列说法中错误的是（　　）。

A. 对高压部件进行操作时，经验丰富的操作人员可以不穿戴安全防护用品

B. 对外露高压系统部件进行操作时，必须使用万用表进行测量，确认是否存在高压电，要确保在没有高压电的情况下再进行操作

C. 安全防护用品使用前需检查其是否完好无损

D. 破损的电气设备应及时调换，不准使用绝缘损坏的电气设备

## 三、判断题

1. 实训中，学生可对贴有高压警示标识的部件进行维修。（　　）

2. 高压工作过程需严格按照高电压操作章程执行。（　　）

3. 所有高压部件都应该保证搭铁良好。（　　）

4. 当拆卸或装配电器部件时，必须断开 12V 电源和高压蓄电池上的手动维修开关。（　　）

5. 安全防护用品（如绝缘手套、绝缘胶鞋等），其耐压等级必须大于电池组的最高电压。（　　）

## 四、简答题

新能源汽车高压电安全操作应注意哪些事项？

# 模块六
# 新能源汽车高压电缆的检测与更换

## 练习 1　高压线束/电缆分布

### 一、填空题

1. 高压电缆是新能源汽车高压系统的神经网络，高压电缆连接车辆的__________。

2. 高压电控系统的类型有____________高压电控系统和____________高压电控总成。

### 二、选择题

1. 北汽 EV200 车型慢充线束是连接（　　）之间的线束。

A. 慢充口到车载充电机　　B. 慢充口到高压控制盒

C. 慢充口到 DC/DC 变换器　　D. 慢充口到高压电控总成

2. 比亚迪 e5 车型动力蓄电池电缆是连接动力蓄电池到（　　）之间的电缆。

A. 车载充电机　　B. 高压控制盒

C. DC/DC 变换器　　D. 高压控制总成

### 三、判断题

1. 新能源汽车高压线束/电缆的连接按照高压电控系统的不同会有一定差异。（　　）

2. 集成式高压电控总成的代表车型有比亚迪 e5 等。（　　）

## 四、简答题

1. 以北汽 EV200 车型为例，画出分体式电控系统的高压电路连接原理图。

2. 以比亚迪 e5 车型为例，画出集成式高压电控总成的高压电路连接原理图。

# 练习 2　高压电缆的检测

## 一、填空题

1. 北汽 EV200 车型高压线束/电缆主要包括 6 段，分别是____________、____________、____________、慢充线束、高压附件线束、驱动电机三相电缆。

2. 北汽 EV200 车型中，慢充线束是连接____________到____________之间的线束。

3. 比亚迪 e5 车型中，动力蓄电池电缆是连接____________到____________之间的电缆。

4. 高压电缆良好的____________是保证设备和线路运行的必要条件，也是防止触电

事故、漏电、短路的重要措施。

5. 对高压电缆的检测一般包括____________和____________。

6. 高压电缆/线束的导通性检查，是检查高压电缆/线束的接插件针脚是否____________。

7. 高压电缆/线束的绝缘性能检查，是检查高压电缆/线束的____________与____________的绝缘电阻。

8. 在进行绝缘测试时，不得用手触摸万用表表笔的____________，以免发生触电危险。

## 二、选择题

1. (　　) 不属于高压部件。

A. DC/DC 变换器　　B. 车载充电机

C. 空调压缩机　　D. 喇叭

2. 北汽 EV200 车型的高压附件线束是连接高压控制盒、(　　) 的线束。

A. DC/DC 变换器、车载充电机、空调压缩机、空调 PTC 加热器

B. DC/DC 变换器、车载充电机、空调压缩机、驱动电机控制器

C. 车载充电机、空调压缩机、驱动电机控制器、驱动电机

D. 空调压缩机、空调 PTC 加热器、驱动电机控制器、驱动电机

3. 北汽 EV200 车型的驱动电机控制器电缆是连接高压控制盒和 (　　) 的线束。

A. 驱动电机　　B. 驱动电机控制器

C. 空调压缩机　　D. DC/DC 变换器

4. 新能源汽车的运行情况非常复杂，运行中的高压电缆由于 (　　) 等原因，会出现不导通或绝缘性能下降等问题。

A. 机械损伤、护层腐蚀　　B. 绝缘受潮、绝缘老化

C. 过电压及过热损害　　D. 以上都是

5. 选择绝缘万用表的绝缘电压挡进行绝缘测试时，需注意选用的绝缘电压挡应 (　　) 高压电缆最高工作电压。

A. 大于　　B. 等于

C. 小于　　D. 无要求

6. 对于慢充线束，应测试（　　）是否正常。

A. 电压值　　B. 电流值

C. 电阻值　　D. 电容值

7. 如图 6-1 所示快充线束的快充口中，PE 是指（　　）。

A. 充电连接确认　　B. 车身接地（搭铁）

C. 充电通信 CAN-H　　D. 直流电源负极

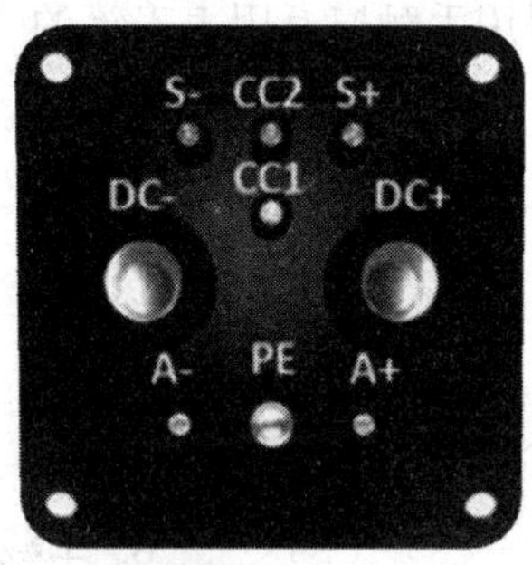


图 6-1　快充门

8. 如图 6-2 所示慢充线束的慢充口中，CC 是指（　　）。

A. 充电连接确认　　B. 车身接地（搭铁）

C. 控制确认线　　D. 直流电源负极

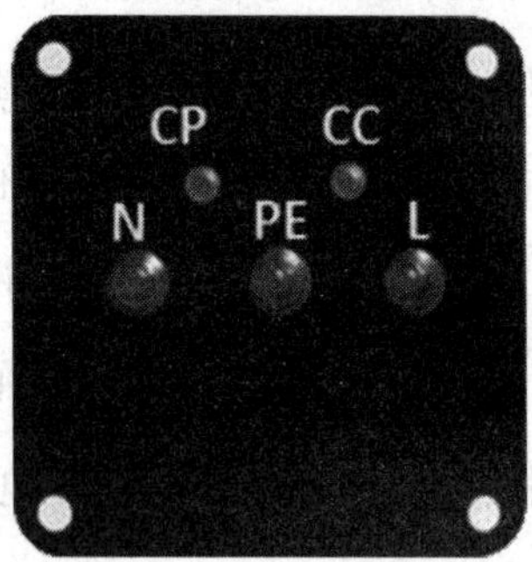


图 6-2　慢充门

9. 关于高压电缆/线束的性能检查，下列说法中错误的是（　　）。

A. 高压电缆/线束是否良好导通、电缆绝缘电阻是否满足要求，会直接影响系统能否正常工作

B. 导通性检查时，如蜂鸣器不响或电阻大于 1 Ω，表示导通正常

C. 检查测试的电缆绝缘阻值是否满足要求，如不满足，应予以更换

D. 使用万用表检测前，需先验证万用表是否正常

10. 动力蓄电池电缆的绝缘标准值是（　　）。

A. ≥500 MΩ　　B . ≥100 MΩ

C. ≥20 MΩ　　D. ∞

11. 驱动电机控制器电缆的绝缘标准值是（　　）。

A. ≥500 MΩ　　B. ≥100 MΩ

C. ≥20 MΩ　　D. ∞

12. 快充线束电缆绝缘性检查的内容是检查快充线束电缆上电源正极端子（B 脚）、电源负极端子（A 脚）分别与（　　）的绝缘阻值。

A. 电缆外壳　　B. 低压蓄电池正极

C. 低压蓄电池负极　　D. 搭铁

13. 关于高压电缆/线束的导通性检查，下列说法中错误的是（　　）。

A. 导通性检查可以用万用表的蜂鸣挡进行测试

B. 导通性检查可以用万用表的电阻挡进行测试

C. 红、黑表笔分别连接电缆两端相通的两个针脚

D. 黑表笔接于电缆外壳，红表笔逐个测量高压电缆接插件的正、负极针脚

14. 北汽 EV200 车型驱动电机电缆绝缘性测试时，选用（　　）绝缘电压挡。

A. 50 V　　B. 100 V

C. 250 V　　D. 500 V

15. 北汽 EV200 车型快充线束电缆绝缘性测试时，选用（　　）绝缘电压挡。

A. 1000V　　B. 100V

C. 250V　　D. 500V

16. 关于高压电缆外观检查的项目，下列说法中错误的是（　　）。

A. 检查高压电缆的表面有无脏污及破损

B. 检查高压电缆接插件连接是否变形、破裂、有异物

C. 检查高压电缆接插件针脚是否弯曲、缺失，有无松动等

D. 检查高压电缆绝缘电阻是否满足要求

17. 下列高压电缆/线束检测的说法中，错误的是（　　）。

A. 应严格按万用表使用手册操作，否则可能会破坏仪表提供的保护措施

B. 绝缘测试可以在通电的电路上进行

C. 在进行绝缘测试时，不得用手触摸万用表表笔的金属部分，避免发生触电危险

D. 绝缘万用表使用完毕，应将开关关闭

## 三、判断题

1. 比亚迪 e5 车型的空调压缩机电缆是连接高压电控总成到空调压缩机的电缆。（　　）

2. 比亚迪 e5 车型的 DC/DC 变换器电缆是连接高压电控总成到 DC/DC 变换器的电缆。（　　）

3. 新能源汽车用高压电缆/线束应具备耐老化、耐阻燃、耐磨损等性能，不得出现裂纹、导体暴露等。（　　）

4. 在高压电缆外观状态良好的前提下，应保证内部线路的导通和绝缘性能良好。（　　）

5. 进行高压电缆/线束外观检查时，可用手直接接触高压电缆。（　　）

6. 进行高压电缆/线束的绝缘性能检查时，绝缘万用表红表笔接于电缆外壳，黑表笔逐个测量高压电缆接插件的正、负极针脚。（　　）

7. 动力蓄电池的工作电压越高，对车辆底盘与高压系统间绝缘性能要求就更高。（　　）

8. 北汽 EV200 车型的快充线束电缆绝缘标准值是大于等于 20 MΩ。（　　）

9. 绝缘测试只能在不通电的电路上进行。（　　）

## 四、简答题

1. 高压电缆的检测一般包括哪些项目？

2. 高压电缆/线束检测作业中应注意哪些事项？

3. 若北汽 EV200 车型的驱动电机控制器电缆存在故障，应如何进行检测？

# 练习 3　高压电缆的更换

## 一、填空题

1. 新能源汽车上所有高压电缆一律采用__________色，为避免安装错误，高压线上一般有机械编码。

2. 高压系统中某些插头带有互锁开关，通过监测互锁开关是否构成回路来判断高压插头是否____________。

3. 为避免发生危险或造成损坏，新能源汽车应停放在专用的__________上。

4. 新能源汽车的停放位置必须干净、____________、____________，且不会接触到飞溅的火星。

5. 当工位上有新能源汽车进行维修时，在工位周围必须设立__________，布置____

________和明显的____________。

6. 对于车辆维修过程中的高压配件，必须立即标识明显的____________，并禁止将带有高压电的部件放置在无人看管的环境下。

7. 对有故障的高压电缆进行外观检查，检查高压电缆的表面有无__________、有无____________，检查高压电缆接插件连接是否____________、有无____________。

8. 导通性检查可以用万用表的____________或____________进行测试。

9. 检测故障电缆的绝缘性时，如果测量的____________低于标准阻值，应予以更换。

10. 如检测出高压电缆有故障，应对其进行更换，更换前需检测____________________是否符合要求。

## 二、选择题

1. 图 6-3 中圆圈所示位置是（　　）。

A. 互锁开关正极　　B. 互锁开关负极

C. 互锁开关插针　　D. 以上都不是

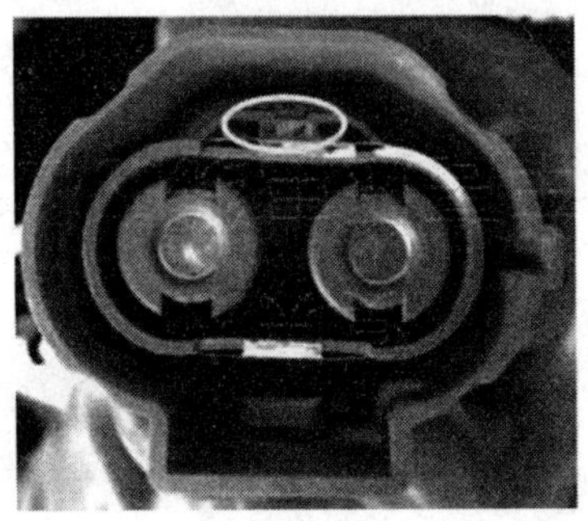

图 6-3

2. 下列说法中错误的是（　　）。

A. 高压电缆拆装过程中，应严格按照高压电安全操作规程执行

B. 一旦互锁开关断开，即可判定为高压插头断开，会立刻断电

C. 在插拔高压插头时只要注意正负极是否对正即可

D. 在插拔高压插头时要避免损坏互锁开关插针

3. 下列说法中错误的是（　　）。

A. 新能源汽车维修车间的场地与设施比普通汽车维修车间要求要高

B. 新能源汽车可以停放在普通车辆的维修工位上

C. 新能源汽车工位位置必须干净、干燥、无油脂

D. 高压维修工位上还应合理放置绝缘垫，并检查绝缘垫是否符合使用要求

4. 关于高压电缆检测作业前的检查及车辆防护，下列说法中错误的是（　　）。

A. 高压维修工位上必须配有高压防护用品，包括绝缘手套、绝缘鞋、护目镜、安全帽等

B. 学生进入高电压工位时无须许可，但应小心操作，注意安全

C. 新能源汽车维修中，进行涉及高压部件的拆装时要使用绝缘工具

D. 进行电气绝缘性能检测时要使用专用的绝缘万用表

5. 关于拆除高压电缆之前的作业事项，下列说法中错误的是（　　）。

A. 整车高压断电并确认无电

B. 对有故障的高压电缆进行外观检查

C. 检查高压电缆接插件连接是否正确、有无松动

D. 检查高压电缆接插件连接情况时，为操作准确，不可佩戴绝缘手套

6. 关于高压电缆/线束的更换安装，下列说法中错误的是（　　）。

A. 对新的高压电缆/线束不需要再检测

B. 应按高压电缆/线束装配作业标准更换安装新的高压电缆/线束，并确认电缆/线束接插件连接到位

C. 对新的高压电缆/线束要进行外观检查

D. 对新的高压电缆/线束要进行针脚导通性检测及电缆绝缘性检测

7. 下列说法中错误的是（　　）。

A. 整车实训时应确保点火开关处于“ON”位置，操作另有要求除外

B. 就车工作时，应施加驻车制动，除非特定操作要求置于其他挡位

C. 对高压部件进行操作时，操作人员需要穿戴好安全防护用品

D. 举升汽车时，应严格按照举升机的操作规程进行作业

8. 下列说法中正确的是（　　）。

A. 新能源汽车维修工位与传统燃油汽车维修工位可以共用

B. 新能源汽车高压维修如果没有绝缘工具，可用普通工具代替

C. 高压系统断电后，对动力蓄电池电压进行检测时不需要戴绝缘手套

D. 绝缘性能检测操作前需对绝缘万用表进行外观及性能检查

## 三、判断题

1. 如果高压电缆有破损缺口，需用绝缘胶布包裹。 ( )

2. 高压电缆拆装过程中，应严格按照高压电安全操作规程来执行。 ( )

3. 在插拔高压插头时要小心，避免损坏互锁开关插针。 ( )

4. 高压操作前需对防护用品进行外观及性能检查。 ( )

5. 在拆除高压电缆之前，需进行整车高压断电操作并确认无电，以防触电事故发生。 ( )

6. 拆除高压电缆时要注意依次解除锁扣，再拔下高压电缆接插件，禁止越级徒手或强行蛮力拆卸。 ( )

7. 在高压部件拆装后，重新接通高压电之前，需要检查所有高压部件的装配、连接，确保其可靠性。 ( )

## 四、简答题

1. 高压电缆的更换作业前有哪些准备工作？

2. 如何对有故障的高压电缆/线束进行检测与更换？

# 综合试卷（一）

| 题目 | 一 | 二 | 三 | 四 | 合计 |
| --- | --- | --- | --- | --- | --- |
| 得分 | | | | | |

## 一、填空题（每空 1 分，共 40 分）

1. 目前我国工业常用的交流供电电压，额定电压在 1 kV 以上的称为________，额定电压在 1kV 以下的称为____________。

2. 人体接触带电部件，就有可能流过电流。电流以________路径流过人体，在流过不同器官、组织时对人体主要表现为________，同时还产生________、____________和____________。

3. 发现有人触电，需要立即______________或让触电者________________，触电者______________后才能进行抢救。

4. 高压电绝缘安全用具包括____________安全用具和______________安全用具两类。

5. 绝缘手套需要____________检验，而且在______________________必须进行____________检查。

6. 护目镜要__________使用，防止传染__________。

7. 锂电池电解液为有机易________液体，而且有明显的__________，长时间吸入挥发出的气体对呼吸道有损害，引发呼吸道疾病。

8. 新能源汽车在________以及__________方面与传统燃油汽车存在较大的区别。

9. 新能源汽车起动后不会有机械噪声，需要通过仪表上的______________和______

______指示灯来判断车辆是否处于起动状态。

10. 行驶过程中发现车辆冒烟，需要第一时间______并__________。

11. 高压电缆接插件解锁方法有别于低压线束，解锁高压电缆接插件时要________解除锁扣拔下，禁止______________。

12. ____________________是新能源汽车高压系统的神经网络，用于连接车辆的________________。

13. 为避免发生危险或造成损坏，新能源汽车应停放在专用的__________上。

14. 高压线束接插件常见的故障类型有_________________、_______________、__________________和__________________等几种。

15. 新能源车辆一般具备_____________的功能，能够在一定程度上降低__________的磨损。

16. 当___________________指示灯点亮时，需要及时进行充电，避免出现因电量不足造成________________的情况。

17. 新能源汽车在出现故障无法行驶的情况下，若需要移动，应该使用__________或者______________的方式拖车，避免引起电气系统故障。

## 二、选择题（每题1分，共20分）

1. 新能源汽车作业人员是触电的高危人员，必须考取（　　）。

A. 低压电工作业操作证　　B. 高压电工作业操作证

C. 新能源汽车维修工证　　D. 电工证

2. （　　）是电流直接或间接造成的人体表面的局部损伤，往往在人体表面留有明显的伤痕。

A. 电击　　B. 电伤

C. 触电　　D. 电弧

3. 心跳和呼吸停止是人体最紧迫的急诊，最佳的抢救方式是（　　）。

A. 打急救电话　　B. 紧急送医

C. 大声呼救　　D. 心肺复苏术

4. （　　）是新能源汽车基本绝缘安全用具。

A. 绝缘鞋　　B. 绝缘工具

C. 绝缘手套　　D. 绝缘垫

5. 在室外使用时二氧化碳灭火器时，操作者应选择站立在（　　）方向。

A. 上风　　B. 下风

C. 着火点　　D. 光线较好的

6. 维修新能源汽车时，一般操作人员佩戴（　　）安全帽。

A. 红色　　B. 蓝色

C. 黄色　　D. 橙色

7. 在新能源汽车中，动力蓄电池是整车最主要的动力来源，（　　）一般不作为动力蓄电池使用。

A. 锂电池　　B. 镍氢电池

C. 燃料电池　　D. 铅酸电池

8. （　　）不属于燃料电池。

A. 氢燃料电池　　B. 乙醇燃料电池

C. 银锌电池　　D. 甲烷燃料电池

9. （　　）不属于新能源汽车带有高压电的零部件。

A. 动力蓄电池　　B. 驱动电机

C. 车载充电机　　D. VCU

10. （　　）不会导致新能源车辆无法起动。

A. 遥控钥匙没电　　B. 高压系统存在互锁报警

C. 低压蓄电池没电　　D. 挡位传感器卡死在 D 挡位置

11. （　　）不属于新能源汽车充电需要满足的条件。

A. 合适的环境温度　　B. 通风场地

C. 周围无易燃易爆物品　　D. 晴朗天气

12. 为了避免人为意外触发或者行驶中因为震动等因素断开，新能源汽车高压电缆接插件设置了（　　）。

A. 安全装置　　B. 打开装置

C. 锁止机构　　D. 关闭装置

13. 在维修带有高电压的新能源汽车前，务必规范执行高电压的（　　）操作，避免发生高压触电事故。

A. 断电和检验　　B. 断电和通电

C. 通电和检验　　D. 防护和检验

14. 新能源汽车蓄维修开关被断开后，（　　）还持续具有高压。

A. 动力蓄电池　　B. 逆变器

C. 车载充电机　　D. 驱动电机

15. 拆下的维修开关应妥善保存在（　　）中，以防止其他人误将其安装回车上。

A. 工作台面　　B. 车里

C. 车主　　D. 口袋或工具箱

16. 新能源汽车的运行情况非常复杂，运行中的高压电缆由于（　　）等原因，会出现不导通或绝缘性能下降等问题。

A. 机械损伤、护层腐蚀　　B. 绝缘受潮、绝缘老化

C. 过电压及过热损害　　D. 以上全部

17. 新能源汽车慢充线束的慢充口中 CC 是指（　　）。

A. 充电连接确认　　B. 车身接地（搭铁）

C. 控制确认线　　D. 直流电源负极

18. 下列说法正确的是（　　）。

A. 新能源汽车维修工位跟传统汽车维修工位可以共用

B. 新能源汽车高压维修时如果没有绝缘工具，可用普通工具代替

C. 高压系统断电后，动力蓄电池电压检测时不需要戴绝缘手套

D. 绝缘性能检测操作前需对绝缘万用表进行外观及性能检查

19. 放电工装是用于对电器设备进行（　　）残余电荷的释放。

A. 检修时断电后　　B. 检修时断电前

C. 检修中　　D. 维护前

20. 二氧化碳灭火器使用时不能直接用手抓住喇叭筒外壁或金属连接管，以防止手被（　　）。

A. 烧伤　　B. 冻伤

C. 烫伤　　D. 划伤

## 三、判断题（每题 1 分，共 15 分）

1. 触电时电流流过人体心脏会引起心颤甚至心脏骤停导致死亡。（ ）

2. 放电工装是新能源汽车的基本绝缘安全用具。（ ）

3. 绝缘胶带有保质期要求。（ ）

4. 辅助绝缘安全用具本身的绝缘可以抵御工作电压。（ ）

5. 锂是一种非常活泼的金属，遇水会发生剧烈的化学反应，生成氢气并放出大量热量引起燃烧。（ ）

6. 高压器件外部的高压电缆必须含有屏蔽层，或外部罩有屏蔽罩等，以屏蔽电磁辐射，高压接插件在对接状态下须达到 180°屏蔽。（ ）

7. 电动汽车由于功率普遍低于同级别传统燃油汽车，因此起步时发生打滑的可能性很小。（ ）

8. 大电流航空插头的应用范围十分广泛，在新能源汽车部分大电流接插件上也有应用。（ ）

9. 高压系统断电实操具有一定的高电压安全危险，学生务必按照教师的指导操作。（ ）

10. 新能源汽车所有高压部件都应该保证接地良好。（ ）

11. 北汽 EV200 车型的驱动电机控制器电缆是连接动力蓄电池正极和驱动电机控制器的电缆。（ ）

12. 绝缘测试只能在不通电的电路上进行。（ ）

13. 高压电缆拆装过程中，应严格按照高压电安全操作规程执行。（ ）

14. 冷却液还兼具润滑功能。（ ）

15. 航空插头的特点是不使用螺纹，因此内外表面都很光滑。（ ）

## 四、简答题（每题 5 分，共 25 分）

1. 简述造成人体触电的主要因素。

2. 简述放电工装的使用方法。

3. 简述燃料电池对环境的影响。

4. 新能源汽车上的预防式保护措施主要有哪些？

5. 在维修新能源汽车高压系统前，为什么要进行高压系统断电？

# 综合试卷（二）

| 题目 | 一 | 二 | 三 | 四 | 合计 |
| --- | --- | --- | --- | --- | --- |
| 得分 | | | | | |

## 一、填空题（每空1分，共40分）

1. 安全电压是指人体______________而不致直接致死或______________。

2. 在抢救触电者时需要有__________，避免造成新的__________，加重病情。

3. 基本绝缘安全用具是指能__________带电设备、__________带电体的工器具。

4. 基本绝缘安全用具必须配合__________用具使用。

5. 严禁长时间使用放电工装对__________进行放电操作，以免造成__________现象。

6. 辅助绝缘安全用具指其绝缘强度__________或__________。

7. 绝缘垫是具有__________和__________的胶垫。

8. 安全帽在使用过程要__________，应注意在__________内使用。

9. 引起锂电池火灾的原因主要有__________、外力撞击、__________、内部进水等方面。

10. 镍氢电池的显著特点是受__________与__________影响巨大。

11. 比亚迪 e5 车型配备的三套冷却系统分别是提供__________、__________和__________使用的。

12. 若出现温度__________或________的现象，可能会对充电速度产生影响，甚至造成无法充电。

13. 在行驶过程中，蓄电池报警灯点亮说明车辆的________工作出现异常情况。

14. 高压电缆接插件按接触件结构形式不同，可分为________、________和______。

15. 新能源整车厂家一般会在__________上设计一个串联的____________，用于人工切断整个动力蓄电池的回路。

16. 在维修新能源汽车之前一定要采取正确的________________，高压工作过程需严格按照____________________执行。

17. 对高压电缆的检测一般包括______________和________________。

18. 高压电缆/线束的绝缘性能检查，是检查高压电缆/线束的____________与________________的绝缘电阻。

19. 新能源汽车的停放位置必须干净、________、________，且不会接触到飞溅的火星。

20. 检测故障电缆的绝缘性，如果测量的绝缘阻值低于________________，应予以______________。

## 二、选择题（每题 1 分，共 20 分）

1. B 级电压电路中电缆和线束的外皮应用（　　）加以区别。

A. 红色　　B. 绿色

C. 黄色　　D. 橙色

2. （　　）触电防护的目的是防止电气设备故障的情况下，发生人身触电事故。

A. 直接接触　　B. 间接接触

C. 预防接触　　D. 隔离接触

3. （　　）常被作为判断是否有心跳的依据。

A. 胸部起伏　　B. 瞳孔变化

C. 颈动脉的搏动　　D. 是否有意识

4. （　　）是新能源汽车基本绝缘安全用具。

A. 绝缘垫　　B. 绝缘手套

C. 警示牌　　D. 绝缘鞋

5.（　　）灭火器在新能源汽车上属于必须配备的随车用具。

A. 1211　　B. 泡沫

C. ABC 干粉　　D. 二氧化碳

6. 对放电工装进行功能测试时，指示灯应（　　）。

A. 逐渐变暗　　B. 逐渐变亮

C. 熄灭　　D. 闪亮

7.（　　）是新能源汽车辅助绝缘安全用具。

A. 绝缘手套　　B. 放电工装

C. 警示牌　　D. 绝缘工具

8. 镍氢电池起火后不宜使用（　　）灭火器灭火。

A. 干粉　　B. 二氧化碳

C. 泡沫　　D. 水型

9. 燃料电池汽车火灾是指（　　）情况。

A. 闻到异味　　B. 车辆冒出烟雾

C. 车辆已经着火　　D. 以上全部

10. 在新能源汽车中，动力蓄电池是整车最主要的动力来源，（　　）能作为动力蓄电池使用。

A. 银锌电池　　B. 锂电池

C. 锰酸电池　　D. 铅酸电池

11. 指示灯（　　）点亮时，车辆仍然可以正常行驶一段时间。

A. 　　B.

C. 　　D.

12. 新能源汽车手动维修开关用于（　　）。

A. 切断动力蓄电池中的连接回路　　B. 维修车辆底盘

C. 切断低压蓄电池电压　　D. 手动维修充电器

13. 对新能源汽车进行电气绝缘性能检测时，需要使用专用的（　　），测量高压电缆及零部件对车身绝缘电阻是否处于规定值范围内。

A. 绝缘测试仪器　　B. 电压表

C. 解码仪　　D. 示波器

14. 新能源汽车（　　）时，需要进行高压系统断电操作。

A. 更换低压蓄电池　　B. 更换轮胎

C. 检修驱动电机控制器　　D. 更换制动片

15. 新能源汽车维修开关的操作应由（　　）进行。

A. 专业人员，并且操作人员进行过相关培训

B. 实训学生

C. 车主

D. 店长

16. 北汽 EV200 车型的驱动电机控制器电缆是连接高压控制盒与（　　）的线束。

A. 驱动电机　　B. 驱动电机控制器

C. 空调压缩机　　D. DC/DC 变换器

17. 关于高压电缆外观检查的项目，下列说法中错误的是（　　）。

A. 检查高压电缆的表面有无脏污、有无破损

B. 检查高压电缆接插件连接是否变形、破裂、有异物

C. 检查高压电缆接插件针脚是否弯曲、缺失，有无松动等

D. 检查高压电缆绝缘电阻是否满足要求

18. 关于拆除高压电缆之前的作业事项，下列说法中错误的是（　　）。

A. 整车高压断电操作并确认无电

B. 对有故障的高压电缆进行外观检查

C. 检查高压电缆接插件连接是否正确、有无松动

D. 检查高压电缆接插件连接情况时无须佩戴绝缘手套

19. 进行新能源汽车维修操作时必须穿非化纤类的工作服，此类服装能防（　　）。

A. 高压电　　B. 火

C. 静电　　D. 油污

20. 护目镜可防止新能源汽车维修作业中（　　）引起的损伤。

A. 传染眼病　　B. 电解液飞溅

C. 操作人员视力　　D. 防静电

## 三、判断题（每题1分，共15分）

1. 电流流过人体内部，能直接导致内部组织、器官的损害，是最危险的触电伤害。（ ）

2. 只要伤者出现意识丧失和呼吸停止的情况，即可认定为死亡。（ ）

3. 新能源汽车维修中必须使用绝缘工具。（ ）

4. 若有电荷通过，放电工装测试灯会亮起。（ ）

5. 绝缘鞋不能与油类、酸性、碱性及尖锐物质等接触。（ ）

6. 护目镜不与眼睛直接接触，因此可以多人共用。（ ）

7. 动力蓄电池决定了新能源汽车的动力性、续驶里程，并影响整车制造成本。（ ）

8. 所有新能源汽车在车辆启动时都使用“READY”指示灯来表示车辆处于运行状态。（ ）

9. 新能源汽车大多具备制动能量回收功能，因此其制动系统工作较为灵敏，不需要重踩制动踏板就能取得最大制动力。（ ）

10. 充电提醒灯亮起时，车辆不能继续行驶，需要立即停车呼叫救援。（ ）

11. 高压电缆是新能源汽车高压部件工作的桥梁和纽带，而接插件是高压电缆中的核心部件之一。（ ）

12. 正常情况下，新能源汽车在钥匙开关关闭后，高压系统已不存在高压电。（ ）

13. 检查高压电缆接插件时，为保证操作准确，不可戴手套。（ ）

14. 进行高压电缆/线束外观检查时，不可用手直接接触高压电缆。（ ）

15. 如检测出高压电缆有故障，应对其进行更换，新的高压电缆无须检测。（ ）

## 四、简答题（每题5分，共25分）

1. 简述人体触电后急救的基本原理。

2. 简述环境温度对于锂电池充放电性能的影响。

3. 简述新能源汽车节能驾驶的方式。

4. 新能源汽车断开低压蓄电池负极，为什么要等待 5 min 以上再拆卸维修开关？

5. 高压电缆的检测一般包括哪些项目？